JN440154

꿈꾸는 황금잉어

혜강 스님 시집

문학의전당 시인선
0255

꿈꾸는 황금잉어

혜강 스님 시집

문학의전당

서문

불도(佛道) 시도(詩道) 성도(成道)

박찬선 시인

《시인동네》는 시인들이 사는 마을이다. 시를 사랑하는 사람들이 모인 마을이니 얼마나 아름다울까. 시끄러운 세상에 높고 낮고를 떠나서, 있고 없고를 떠나서 시를 모시는 시인들의 이상향이다. 숙세의 인연으로 사십여 년이 훌쩍 지난 뒤에 혜강 스님을《시인동네》에서 시로 다시 만나게 되었으니 인연이란 참으로 묘하다고 할밖에 없다. 스님과 속인의 만남도 만남이지만 시의 만남이란 예사롭지가 않다. 청량한 법어를 들은 양 눈이 활짝 트였다.

스님은 우거하고 있는 집 가까이 있는 홍룡사에서 새벽이면 목탁과 쇠북으로 30대의 깊은 잠을 깨워주었고 정갈한 시로서 정신을 일깨워주었는데 또다시 기우는 나이에 『山山물물』『雜놈詩 二十二篇』『끝 오지 않는 날의 바퀴』『꿈을 기다리는 나무』『머물고 싶어 떠나는 길』『피안으로 가는 그대』에 이어 일곱 번째 시집 『꿈꾸는 황금잉어』로 굳고 절은 마음을 열어주었다. 스님은 산문(山門)에 든 이후 내처 선(禪)과 시의 길을 걸어왔다. 나시 말하면 부처의 길과 시의 길을 동시에 걸어왔다. 법력과 함께 시력을 쌓아온 것이다. 스님에게는 선과 시가 따로 떨어져 있는 것이 아니라 선과 시가 하나로서 선이 곧 시요, 시가 곧 선인 셈이다.

혜강 스님의 첫 시집 『山山 물물』에서 서문을 쓴 박재삼 시인은 "그도 시는 언어로 쓰여 진다는 상식에 돌아오고 있는 것이다. 문제는 언어 이전에 마음이라는 등식(等式)이 있을 뿐인 것이다. 언어 이선의 마음, 이것을 그는 천착하여 방법론으로 삼은 듯하다."라고 적고 있다. 스님은 마음을 닦아 부처를 이루려는 사람이요, 시인은 마음에 이는 시상과 정서를 언어를 빌어 표현하는 사람이다. 승려나 시인이나 내면세계를 바탕으로 하고 있음은 같은 본령을 지녔다. 시란 언어[言]와 절하며 수도하는 집[寺]이 어울린 것이다. 따라서 승려가 수도를 하다가 절실한 순간에 읊은 게송(偈頌)이나 오도송(悟道頌)은 그대로가 한 편의 진주 같은 시다.

시인 황산곡(黃山谷)은 황룡조심(黃龍祖心) 선사와 친한 사이, 어느 날 산곡은 선사에게 선에 이르는 길을 가르쳐 달라고 했다. 선사는 이르기를

"일찍이 공자가 말하지 않았는가. 내가 그들에게 숨긴 게

있다고 생각하는가? 나는 아무것도 숨기지 않았네. 자네는 이 말을 어떻게 생각하나?"

산곡은 선사의 말에 대한 묘미를 알아차리지 못해 낙심하였다. 그 뒤 둘이 산길을 걷다가 만발한 계피 꽃을 보고 이렇게 불쑥 물었다.

"자네 계피 꽃 향기를 맡고 있는가?"

"그럼요."

"그것 보게, 내가 자네에게 아무것도 숨기지 않았네."

순간 산곡이 크게 깨달았다는 얘기가 있다. 이 이야기는 깨침의 과정을 보여준 선문답의 세계이다. 이것을 인용한 것은 시도 그러한 과정에서 빚어진다는 이유에서다. 어떤 사물에 대한 바른 인식, 그것은 존재론적 인식이 아니더라도 시의 출발점이 되기 때문이다.

혜강 스님은 구도를 위한 정신의 편력처럼 시업(詩業) 또한 줄기차게 이어왔다. 그동안 간행한 시집과 경전동화 『극락세계』나 장편소설 『업다라니』의 작품을 봐서도 알 일이다. 녹슬지 않는 정신의 길에 이정표 같은 반짝이는 시의 표석을 하나하나 세운 것이다. 스님은 시집 『머물고 싶어 떠나는 길』의 작가 노트 말미에서 이르기를 "향기로운 그대 영혼으로 당신 산책길의 가장 고적한 때의 아름다운 동반자이고 싶고, 당신이 기분 좋아 홍얼거리는 때의 발에 차이는 쭈그러진 깡통이고 싶습니다."라고 했다. 대중과 동떨어진 고고한 아성에 머문 것이 아니라 저자거리 중생과 함께하는 가까운 짝이 되기를 원했다. 인간적인 면모를 읽을 수 있는 대목이다.

이번 시집 『꿈꾸는 황금잉어』는 혜강 스님의 인간다운 모습을 볼 수 있는 진솔한 시집이다. 난세에 등불 밝히며 수행 정진하는 구도자로서의 참모습이 적나라하게 담겨 있다. 세상이 풍요로워지고 즐기면서 사는 때일수록 견성을 위한 수행자로서의 길은 더욱 어려울 수밖에 없다. 온 세상이 탐(貪), 진(瞋), 치(癡) 삼독심(三毒心)에 의해서 온갖 싸움과 갈등, 비행과 혼란이 벌어지고 있으니 수행의 길에서 다투어 엄습하는 마귀의 유혹을 떨쳐버리기는 쉬운 일이 아닐 것이다. 이번 시집에는 이러한 들끓는 외적 현상과 내적 갈등을 극복해야 하는 정신적 편력이 고스란히 담겨 있다. 불도와 시도를 터득한 맑은 징소리 같은 깨침의 노래가 잔잔하게 울려 퍼진다. '붉은 울음' '붉은 목숨'으로 나타난 치열한 삶과 인간적 고뇌가 투영되었는가 하면 짧은 단시로서 직관에 의한 선시의 특징을 그대로 반영하고 있다.

불교에서 반야(般若)는 공(空)을 뜻한다. 진공묘유(眞空妙有), 아무것도 없음이면서 무엇이든지 있을 수 있다는 가능성을 지녔다. 이것이 공(空)으로서 무(無)가 가진 의미다. 직관에 의하여 관념의 티끌을 불살라 버리면 남는 것은 공(空)

의 거울(마음)이다. 전혀 꾸밈이 없는 여기에 선의 경지가 열린다. 이 경지에 이르면 삼라만상, 두두물물(頭頭物物)이 그대로, 현상의 온갖 움직임과 빛깔들이 남김없이 나를 향해 비쳐온다. 그리하여 제각기 다른 감동의 가락과 이미지로 변하여 선시가 나온다. 감동의 구상화이다.

그 앞에서 알았다

내가 그처럼
앉으면 되는 것을

—「생애의 詩」 전문

몇 생토록 간절해야
그리 되는가
그냥, 앉아서
앉아만 있어도
오가는 이들
다
소원을 이루는가

—「푸르른 날의 연가 9」 전문

절에 가면 석가모니불을 비롯해서 아미타불, 비로자나불은 모두 앉아 있다. “그 앞에서 알았다”는 것은 바로 앉아계신

좌불 앞에서 비로소 깨달았다는 뜻이다. 부처처럼 앉아 있으면 나도 부처가 되는 것을 알았다는 것이다. 앉아 있음은 현상이요, 안 것은 내면의 깨달음이다. 단순 명쾌하다. 현상 곧 색(色)은 앞에서 알았다는 공의 세계가 지각됨으로써 활짝 펼쳐지는 원융무애(圓融無碍)의 세계, 선과 시가 새로운 진경(眞境)을 보여준다. "그냥, 앉아서/앉아만 있어도/오가는 이들/다/소원을 이루는" 가피력(加被力)의 실체를 감지케 한다.

이번 시집에서도 시선집 『꿈을 기다리는 나무』에서 언급한 대로 일관된 것은 선과 서정의 조화를 이루고 있다는 사실이다. 현실세계와 법계(法界)를 동일시하여 삶과 진리를 그대로 시로 표출한 것이다. 그것은 **빛**과 **점**(点)이라는 핵심어로서 고유한 상징성을 획득하고 있다.

"언젠가 그날,/천지를 씨줄 날줄/비늘 서리서리/**금빛** 섬광으로 기개 차게 솟구쳐서//점(点)할 것이다, 세상"(「꿈꾸는 황금잉어」)에서나 "내가 딛고 선 이 자리/화현(化現)하는 어둠을/어찌 **빛**이라 않으리//드는 것도 놓는 것도/주장자 한 지축"(「삼신일불」)에서 '금빛'과 '빛'은 무량광(無量光)의 진리로서 마음의 눈뜸 곧 개오(開悟)를 일컬으며, 점은 표지(標識)를 나타낸 것으로서 색즉시공(色卽是空) 공즉시색(空卽是色)의 진리에서 비롯된 유형, 무형의 상으로 분별과 집착을 떠나 실체를 일컫는다. 그것은 차별적 개념으로 파악치 않는 불이(不二)의 사상이며 한 뜻으로 관조함이다.

혜강 스님의 시는 본심에서 출발하여 본심으로 돌아오는 선을 바탕으로 하고 있다. 선이 강조하는 것은 진정한 나, 불성(佛性) 찾기이고 진정한 나, 존재 찾기이다. 깨달음의 방법인 선에서 시의 본령인 서정성을 획득함으로써 시적 성취를 이룩한 셈이다. 다시 말하면 선과 서정의 조화에서 깨침과 감동을 함께 누리는 기쁨을 맛보게 한다. 이것은 보리심(菩提心)의 발현으로서 우리 시의 영역을 그만큼 심화 확대시킨 결과가 된다.

한산(寒山)으로부터 시작된 선시가 우리나라에 들어와서 서산대사 청허휴정(淸虛休靜), 소요태능(逍遙太能), 청매인오(靑梅印悟), 경허(鏡虛), 만해(萬海), 성철(性徹) 등 선시의 종장(宗匠)들에 의해서 이어진 한국 선시의 도도한 물결을 간과할 순 없다. 특히 선사들은 모두 나라가 혼란했을 때에 사자후(獅子吼)로 일갈(一喝)했다. 작금의 어지러운 정황에 때맞춰 나오는 혜강 스님의 이번 시집이 초심으로 돌아가 분노를 삭이고 분열을 지양하여 화평을 가져오는 촉매재가 되리라고 믿는다.

오랫동안 시를 이야기해 왔다. 여러 사람의 시론과 시학, 시창작법을 논하고 빼어난 작품을 살펴왔지만 시의 어느 한 자리는 메꿀 수가 없었다. 그 헛헛한 빈자리에 혜강 스님의 시가 들어왔다. 피 말리는 수행의 한 순간, 혼불을 사루는 정진의 절정에서 나투는 말. 거기에는 언어 이전의 한 경계만 있을 뿐이다. 마음 밖에 법이 없다. 법은 홀로 일어나지 않고 경계를 의지해야만 비로소 생긴다. 경계를 노래한 시가 혜강 스님의 시다. 그것은 깨달음이요, 선정이요, 마음의 자양이요, 갈고닦음의 길이다. 이제 부처의 길과 시의 길을 쉼 없이 걸어온 혜강 스님에게 밝은 돈오(頓悟)의 길이 열려지리라.

산에서 삽니다
산 보고
또 산 보고

물 마시고 삽니다
물 마시고
또 물 마시고

—「요즈음」 전문

그렇다. 산을 보고 물 마시며 사는 요즈음의 일상이 바로 도의 참모습이 아니리요. 번잡한 우리네 일상에서 그리워지는 이유는 욕심 부리지 않고 탐하지 않는 자연스럽고 천진스러운 초연한 삶이 있기 때문이다. 시를 읽는 즐거움이 여기에 있다.

차례

제2부

제3부

제1부

수행자

수행자는
피 한 방울도
이슬이어야 한다

아니,
온갖 더러움을
저 혼자서 다 감당해야 한다

그래,

물들어도
물들지 않는 것이야

그러게
연꽃 아니겠어
수행자는,

서툰 道

人生이
생명의 바다에서
뛰노는
중생의 거품이라고?

웬 자맥질

생애의 詩

그 앞에서 알았다
내가 그처럼
앉으면 되는 것을

저 꽃

이 언덕에 피었네

저 언덕
그 꽃

척량골(脊梁骨)

등뼈가 곧으면
망상이 없어

남겨둔
내 일 하나일세

이뭣꼬

천일의 보름달

손짓하지 않아도 외쳐 부르지 않아도
벌써, 이전에
가득하였구나

새벽 도량 찬으로 올리는
이 절절함은

목 놓는 어둠까지도
당신에게선
길이었음이여

산다는 일이
죽는다는 일이

다만,
피어나고
졌을 뿐이어라
그

꽃잎

당신
숨결 아니던가

요즈음

산에서 삽니다
산 보고
또 산 보고

물 마시고 삽니다
물 마시고
또 물 마시고

바랑 속 연가

나
가는데
그대,

오는가

배꽃

바로 보면
배꽃

거꾸로 봐도
배꽃

저 배꽃

구름

땅은 이제 그만,

허공을 밟고 사는 거야

다 필요 없어
바람이면 돼

꿈꾸는 황금잉어

두고 온 고향
하나 남은 기억으로
꽃잎을 베어 문다

연꽃이 어디 저절로 피는가

겨우내 밑바닥에서
배 깔고 엎드려서
한 일이라곤
엎드린 일뿐이었다

언젠가 그날,
천지를 씨줄 날줄
비늘 서리서리
금빛 섬광으로 기개 차게 솟구쳐서

점(点)할 것이다, 세상

초라하게 붙들려
돈 몇 푼에 팔려 왔지만
저 언덕을
꿈꾸는 내 복장

지난날들이
어찌 객기이기만 했겠느냐

연잎에 기대어
그래,
가만히 꼬리 한번 젓는다

위신력

수행의 세계에
거짓은 통하지 않는다

세상의 온갖 기운
그 한 점 조복으로
살림 못 챙겨서야

작은 행복

새벽 도량
보름 둥근 달 함뿍
무지개 섰다

저 무지개 보아

뭐라고 할 것도 없어
휘영청 달 아래서
산천 가득히
목탁 울릴 줄 알면 되지 않겠나

걸레

누군가를 위해
눈물 흘려본 적이 있느냐

네 영혼의
저 가물한 강가에서
하염없음만으로 헤매어본 적이 있느냐

꼭
이슬 한 방울을
위해서가 아니라

너를 남김없이 쥐어짜
혼신을 다 바쳐서
더러워져 보았는가

더 짙은 어둠이
빛이 되는
길목에서

그 어둠을
두 손에 받쳐 들고서

세상을 다 빛내 보겠다고
그 열망으로
허기져 본 적이 있느냐
깨끗하게 더러워져 본 적이 있느냐

저자에서 저자로
온몸을 하얗게 날 새워본 적이 있느냐

저 언덕길

눈빛만 가닿아도

열리는

결구(結句)

삼신일불

내가 딛고 선 이 자리
화현(化現)하는 어둠을
어찌 빛이라 않으리

드는 것도 놓는 것도
주장자 한 지축

집 없는 달팽이

날이 새면 간다
날 저물면 떠난다
내 존재를 떨구기 싫어
수염발 쓸며
눈먼 숨 토해 물고
멈추지 못하는 천형
어디선가 내던져버린 업보
집도 절도 없는 길
누가 알겠느냐
남몰래 입술 깨무는
느리고 더딘 행보
어딘가 있을
너를 향해
언젠가는 만나지리니
말금한 하늘 이고
멀쩡한 산천
입춘 우수 경칩으로 간다
가진 것 없다 해서

꿈조차 못 꾸겠느냐
가다가 지치면
늘어지게 낮잠 한번 자자
다시 눈뜨는 길
아지랑이 저어기
그대 버얼써
방긋 웃음 지며
나를 반겨 꽃 하나로 피어 있을지니

오동꽃 피었네

오동꽃 피었네

가물가물한 저어기

그대 숨결

봄으로 오는 그대

저어기 저
오동꽃 보아

바람 불지 않은들
그대 내음 못 맡을까

남호리에서 1

바닷속에서 돌멩이가 운다
파도를 따라서
거품만큼이나 몸부림으로 구른다
—쿠르르 철썩 솨르르 쏴아
억겁인들 아니랄까
드러내지도 못하는
울음
세월을 따랐거니
물결친 대로 살았거니
그게 무엇이라고
한낱 돌멩이, 자갈에 불과한 것을
파도같이 밀어붙이지도 못하였구나
저 너울처럼 춤은 춰봤느냐
그저 휩쓸려서
되새김질이나 하는 모래알 꿈
어디다가 점(点)을 할꼬

남호리에서 2

바람이 될까나
차라리 바람이 될까나
세상을 비로소
다 울음 운
목숨 하나로 이 바닷가에서
그 무엇에도 다치지 않는
바람으로나 살까나

남호리에서 3

바람은 다치지 않는다구요?
저 바다의 너울이
이 파도의 울음이
바다의 것이 아니라
실은 속내를 못 내놓는
바람의 한숨인 것을요
그래요
파도 따라 울음 우는 돌멩이를
남호리 바닷가에서 봐요
짠물 벌컥벌컥 들이키며
혼비백산 나동그라지며
생채기 하나도 못 만드는
덩신이요
무엇에 쓰리까
그대의 발등에서
반짝이고자 한
그 모래알 하나의 꿈을
꾼 게 죄지요

오늘
바닷속에서 우는 까닭을
어찌 알까요
이
더엉신,

성주사 가을

법당에서는
천도재 지내고

주지 지우는

감나무 아래 서 있네

그 가지에
홍시 하나 달렸네

대장부

드는 것도
놓는 것도
다 비켜놓았거니

팔 베고 누워
발가락 하나 드니

산천이 울리네

삼월

천지간에
인연을 다 끊은 것처럼
잔을 비워도
봄이, 오는 걸

얼고 또 얼어서
바스라지고 싶어
그렇게 돌아서자 하는데

아니라고 해본들 뭐해
잔 끝에
먼저 와 있는 것을

나도 모르게
내 속 다 풀어놓고서
벙싯벙싯

내 사랑은

사는 것도
죽는 것도

그저
바람 아니었나

그대, 가슴으로만 부는

제2부

시인

시인은, 선천적으로 보살이다

지우가 말했다

2006년 5월 24일 그날
곡차 한 잔 내놓고 그렇게 말씀하는 것이다
그냥그냥 고참 구참들
삼삼오오 그렇게
이리저리 바람 타고 구름 타고
그리그리 섞고 두루는 걸 다 밀쳐두고서

나더러
詩人이라고
한 말씀 하시는데

난
그 말씀
곡차로 받았다

비 오는 새벽

무엇이고 싶었을까 난

빗줄기와 빗줄기 저 사이로
허망함을
쫓아온 것은 아닐는지

연꽃 한 송이 피워 보겠다고
진흙땅에서 한평생을
핑계로 문대었잖느냐

무엇이었느냐

햇살 한 줌 움켜쥐지 못한 것이
비 오는 새벽에 문득
형벌이라고 알아채는 것은

새벽 도량의 목탁 소리마저
휘감아버리는 어둠 속에서

온통 어둠뿐이었다고

왜 하필
이순에 쓰러지는가
내 붉은 목숨

내 업보
틀고 틀어서
진흙으로 삭아서
그 꽃 하나 피워 보겠다고

꽃이
어디 그렇게 해서 피더냐
욕심으로 피더냐

쓰레기를 묵힌
업보로 어디

그 꽃이
그렇게 피워낼 꽃이더냐

맑고 깨끗한 정령이
그 원력으로 비로소 진흙이 되어서
꽃 한 송이 겨우 피워낼 수 있는 것을

이제 와서
돌아갈 길도 없는
이제 와서

저마다 다 피워내는
꽃 꽃 꽃

그 꽃향기에
졸도나 하노라

파도

어찌할 거나 어찌할 거나

처얼썩 철썩
아무리 온몸으로 부딪쳐도
난 뭍으로는 못 간다네

떠나온 땅
그 뭍으로는 못 가네
어디인지도 모르는
그 붉은 울음으로 피어나는 아스라이
안개 같은 너를 향해

처얼썩 거릴 뿐

아침에 솟아서는
석양으로 지고 마는

이 몸짓

가을 하늘

이젠 멀어지자 사람아
아쉬움도 갖지 말고
미련도 두지 말고
황혼길의 석양처럼 저물어서
그렇게 잠기자

사람아
그 뒤안길의
바람 한 점에
티끌 하나에

또오록 돋는
한 방울의 눈물로

그렇게 멀어지자 사람아

들판에 내버려지듯 아무렇게나
의미라고는 정말 없는 듯

잡풀 같은 낙엽

알몸뚱어리의
업보를

오고 가다가
어디선가 마주치더라도
그래
가다가 오다가
스쳐서 잠시 발걸음 멈춰지면

저 아스라한
어디서

우리 혹
알았던 적이 있었던가 하고
무심히
그렇게 사람아

상처

왜 그랬는지 몰라

그 박하향 물씬한 숲에서
똬리 튼 업보

꽃 한 송이를 보았지

하루 온종일
아지랑이 아지랑이
맴맴

파도를 타고
섬으로 섬으로 떠났네

그 아득함이여

아스라이 다가와
또렷하게 돋는

그 업보가

매워서
눈 감았네

방울방울 지는 꽃잎이여
그 붉은 울음이여

청련사에 와서

산이 첩첩이네
구름도 산 같네
물 마시고 또 물 마시네
개울 베고 누워 귀 씻지 않은들
굽이 산산물물 말하려는가
붙들 것도 없고
놓을 것도 없다네
한 생각 일으켜도 그만이고
두 생각 재워도 그만인 것을
숨 한번 들이쉬고 숨 한번 내쉬는 일
그만둔들 또 어떻겠는가

청련사 발원

업이 되지 않는 삶이라고
붙들고서
그럴법하다 여겼는데
2006년 10월 14일 그랬는데

2008년 7월 3일
지금, 새벽에 깨어나
그러네
망상 떨었군

헛,

객길

멈출 수가 없었어
쉴 수도 없었어

동서남북도 없이
그냥
가다가
그냥
서다가

바람이 부는 것도
구름이 가는 것도
못 봤어

길인지 아닌지
분간도 되지 않는
그 길을

어둠이라 했을까 빛이라 했을까

그조차도 맞지 않아

눈물 한 방울
이었어,
아무리 아니라 해봐도

동터 오르는 햇살로도
못 녹이는
그래, 얼음 같은 눈물

그것이었어

전생 같은
설렘

부치지 못한 편지

네가 보고 싶어
집에 갔었지

왜 그랬는지 몰라
이름은 부르지도 못하고
뜰 앞 목련나무 아래서
먼 하늘만 바라다보았네

일부러 먼 길을 가서는 먼발치에서
지붕이나 멀게 바라다보고는
찻길 멀리 그냥 돌아섰네

보고 싶은 너를
멀리 멀리 목만 메었지

길 없는 길을 멀리 헤맸어

심근경색증

나누고 싶은데
주고 싶은데

가진 것이 없어서
찬 새벽을 깨어 붙들고
부처님 앞에
엎드려 절하며 울었어
울기나 했어, 참 하릴없어

무엇인가가 뼈가 저리는데
속속들이 아파 못 견디겠는데

부처님 명호를 소리소리 질러대며
목이나 메었지

새해 새날 하나를
손바닥에 올려놓고서
감당을 못하겠는 거야

지난 생애는 그렇다 치고
남아 있을, 분명한 그 생애를
도시 모르겠는 거야
자신까지 몽땅 사라져버려

얼음 둥둥 달린 수곽에 나와
고드름 한입으로
꺾어지는 허리를 추스렸어

무엇을 바랐을까
내 전생은

금생을 이렇게 나앉아서
타령이나 하는
내 주제 좀 봐

그래도,
내 눈물 한 방울의 어둠을

당신의 뒤안길에서
이젠 걷어내야 하지 않을까 싶어

그래서,
다시 당신 앞에 엎드려
우선, 울어나 보네

동그라미

종일을 벤치에 앉았더랬지

가는 사람 오는 사람들을
아무렇지도 않게
그야말로 아무 상관없다는 듯
그렇게 멍하니 쳐다보면서

그렇지만
꼭 만나야 하는
만나지 않으면 안 되는

그런 누군가를 기다렸어

종일토록 그랬어

그랬노라 그대여

내 가슴 그윽이

내게 손짓하는 그대여

종일토록 벤치에서
푸른 숨 떨며

속으로 속으로 그리웠노라 그대여

얼굴도 모르겠고
그 모습도 알 수가 없는데
가슴속 가득히 차서

먹먹하기만 했노라 그대여

종일을 벤치에 앉았더랬지
그렇게
종일을 보냈노라 그대여

감나무 아래서

신년특집 TV를 보다가 말고
장독대 감나무로 가서
똘감 홍시 하나 따 먹는다
겨우내 눈 비 찬바람 맞으며
대롱대롱 매달린 똘감 홍시를
하나 따서 입에 넣는다
굳이 행복을 말하는 것도
따로 희망을 논하는 것도
무엇이 살 길이냐는 것까지도 다 밀어 내놓고
이뭣꼬도 벗어 내놓고서
난
똘감 홍시 하나에
흠감하다 겨울 같지 않은
따스한 햇살까지도
촛불을 켜고
태극기를 흔들고
거리에 나가 주장하는 무엇 무엇들
물가가 너무 올라 서민 가계가 근심이라는 것도

전국을 다 휩쓰는 AI 매물 조류 뉴스도
탄핵정국 앞에서는 뉴스거리도 못 된다
중국 여행단 감소 사드 대구 서문시장 화재 한일군사정보
보호협정 다 묻혀버리고 만다
산다고 하는 것의 저 의미들을
새삼 주언부언 할 것 없는
산중의 점심 한나절이
똘감 홍시 하나에 오감하다
매섭게 몰아치는 겨울 찬바람에서
온기를 찾아본다 오늘
세상 사는 것이
발 디디는 대로 사는 것이라면
TV를 꺼버리면
보이는 것 들리는 것 생각할 것들이
똘감 홍시 하나보다
내게서 무엇이 더 소중하랴
이 겨울
따뜻한 밥 한 그릇 나눌 이를 보고 싶다

무자년 백종 기도

아무도 오지 않고
비만 왔어

어디서
천둥벼락 치는 소리 들리는데
번갯불은 안 보이더라고

앞산에
안개가 왔다가 갔다가
비조차도 오락가락했어

지장보살 주장자
지축 안 울려도 알겠는 것을

그 잠깐 비 개는 사이에
까마귀 몇 마리가 왔어

괜한 짓 했어

갓바위길

쉬엄쉬임 오른나 갓바위길
벌써 햇수로 삼 년째 난 이 길을 숨 가쁘게만 걸었다
앞서가는 사람들을 뒤로 뒤로 잡아 제치는 것이 목적인 것
처럼
헉헉대며 치달렸다
당신 앞으로 더 앞으로
빠르고 날래게 다가가야 했고
남보다 앞서야만 소원도 챙기는 것인 양
종종걸음을 쳤다

무엇이었던가 그 서러움
당신의 가물한 뒤편 어딘가에
내 하늘 하나 만들어서
그 하늘 비로소 파아랗게 색칠 한번 해보겠노라고
그 겨울날 눈보라에 손발 몸뚱이 얼어가며
당신한테 난생처음으로 일곱 시간 정근을 바쳤고
올라가며 내려가며 삼 년간을 소매를 훔쳤다
내 여린 꿈 하나

한 가지 소원은 꼭 이루어준다고
당신께 한 걸음이라도 더 먼저 가야 한다고
숨만 턱에 찼다 이 길

갓바위 행렬 뒤로 뒤로 처지면서
나 아닌 다른 이들의 몸짓을 비로소 본다
언제 저들이 내게 안중에나 있었던가
저들이라고 어디 나만큼 절실하지 않을 것이랴
내가 앞장세우지 않는데도 이내 나를 앞질러 휑하니 간다
잰걸음으로 앞다퉈 간다

천천히 가는
이런 걸음걸이도 있는 것을
한 가지 소원
그 생각 때문에
난 사람들의 모습조차도 볼 수가 없었다

저 하늘이 꼭 파랗지 않아도 되는 것을

다 저대로의 존재가치가 있는 것을
제 모습 그대로 고웁고 어여쁜 것을
무슨 색깔이 되었든 살면 되는 것을 잘 살면 되는 것을

욕심 내지 않아도 아름다운 세상이
어디 있지 않겠느냐

오늘 비로소
내 길 걸어
가만히 당신 앞에 선다

색색이 다 묘용이라
마음 따라 일고 지는 일대행상이구나

갓바위에 든다
이젠 내 걸음 걷는다 제대로 걷는다
서러움 없는 내 눈물
당신에게로 간다

도반에게

어디에서 그윽하십니까
나 홀로 어둡습니다
별도 달도 없는 밤에는
길이 보이지가 않는군요
환한 길을 놔두고서
캄캄한 어디로 지금 난 가는 것일까요

나에게서만 깨져 보이는
눈 한쪽 저놈의 온전한 세상을
감당 못하겠습니다
점이요 선이요
꽉 차고 가득히 비었노라고
앉고 서고 가고 오고 그 하염없는 어울림이면 어떻겠느냐고
저 만다라 보라고
말끔한 이슬 한 방울이
어떻게 더러워지는가 그 살림을
잘 사는 것이야말로
보살의 길이라고

부질없는 노래
앵무새 아니었는가요
천지간에 꽉 꽉 찬
저 캄캄한 어둠 속에도
길은 있을까요
그 길의 끝에 고향이 있을까요
어둠의 길도
길대로만 가면 되는 것인지요

나한님과 곡차 한 잔

길을 나서 봐도 갈 곳이 없구나
첩첩한 저 산 너머 어딘가에
아직은 내가 만날 사람이 있지 않겠냐
싫어, 그리되면 몇 날은 보내야 하지 않겠냐 싫어
속옷 한 벌에 바지저고리도 챙겨 나서는
그 첫 길부터
난 갈 곳이 없다
못나빠진 중생의 몰골로
존경스럽게 모셔진 나한님 나한전에 돌아와
합장도 향 공양도 서원까지도
한 방향으로 모셔놓고서
여름철 무성한 나무 잎새 그 몸짓들
바라다본다 문 열어젖히고서
숨 한번 들이쉬고 내쉬며
이제 내가 나한님
큰스승 부촉을 받은 몸뚱어리
중생의 몸뚱어리 귀하고 소중한
오늘 가장 낮은 자리에 앉아

내 젊고 질은 번뇌로
빚은 진국물
한 잔 콱 마신다 털어 넣는다
비우고 비우고 그리고 또 억지를 써서
비워낸 속
그래도 향기롭다 비로소 피가 통하고 기운이 흐르고
부질없음조차도 부질없었던
멈추었던 그것조차도 내 삶 아니었던가

저 나한님 목 뎅강 베어내고
이젠 내가 나한이다
난
비로소 청련사에서 죽었다
찬란한 저 성해(性海)의
갈기갈기 톡톡 터지는 금빛 파도여

산에서 내려와

산에서 내려와
바다에 서보니

바다는 산이 아닐세 그려

산인 듯 앉으면
되는 줄만 알았어

보지 않고
듣지 않고
억지로라도 생각을 끊으면
다 되는 줄 알았어

그래서, 산에서 살았지
이제 세상은
산 너머의 일
내 일은 아니었네

한날,
산만 보이고
산만 다가와
산으로 가득 차는 거야

더 볼 것도 없잖은가
더 있을 필요가 뭐 있어
그냥, 산인데

이 세상이 다
산인 줄만 알았어

그런데
바다는, 이뭣꼬?

청련사 무자년 하안거

물만 마시고 살자
가서 죽자

청련사에 와서 들어온 첫날 둘째 날 펑펑 쏟아지는 음력 2월 눈을 맞았네. 산에서 죽자 하니 산신령 문안 인사 드려야겠어. 청련사 법당 부처님께 마지 올리고 신장님께 심경독송 올리고 영가단에 인연영가 천도하여 드리고 산신님 산신님 삼칠기도 올렸네. 묵언하고 단식하고 천수독송 정근 음성 공양 올렸네. 첩첩 산 구름도 산 도량도량 울렸네.

기도입제 첫날 두창계전 김용순 보살님 전기불사 독 시주하고, 기도회향 날 화정선 보살님 나한전 건립 설판하고, 장수자 박복예 한희숙 보살님 화주하고, 금강산 신계사 대목 최현규 거사가 와서 새 기운 터를 닦아 단박에 나한전을 번듯하게 지었네. 새집이니 나한님도 새로 모실까 다 허물어져 가는 시멘트 나한전 못나빠진 저 나한님들 그만 보내버릴까 밤이고 낮이고 고민 고민하다가 그래, 나같이 못나빠진 저 나한님들 내가 모시잖고 어쩌리 새집 콱 지어 번쩍 모셨네.

나한님 한 분 한 분 먼지 털고 닦고 정성스레 모시니 찡그리고 어둡던 얼굴 주름 다 펴시는 걸 어쩌면 저마다 저리도 환하신 걸 그 방광으로 십대제자 새로 모시고 16아라한 같이 모시고 최현규 거사 나반존자 한 걸망에 모셔왔네. 각문사제 진신사리 4과 모셔와 칠성석재 보살님 삼층석탑 건립했네. 처음부터 끝까지 환희심으로 이룬 불사 두창계전도 화정선도 칠성석재도 청련사가 처음 인연 나와도 처음 인연 여래심보살 인연이었네.

나한님 나한님 십대제자 십육성 오백성 독수성님
뒷산에 기운 기운찬 달마봉
왼편에 마애불 오른편에 병풍바위
노적봉 벼락바위 부처님 그윽한 눈매
돼지산 너머 팔각산 봉우리
좌청룡우백호 장대한 기운 쭉쭉 뻗쳐
청련사 도량을 옹호하니
이제야말로 이 터전에서
지성으로 기도하여 못 이룰 소원 어디 있겠는가

저마다 간절히 기도하고 또 빌어서
다 소원성취하시라
인연 있는 이들이여 제발
더욱 잘 살고 행복하시라
그 발원으로 천일기도 입제를 했네

생면부지 원담 스님 기도한다 하고 부산보살 다녀가서 해공 스님 모셔와 모두가 새 인연인데 주지 스님 잘되고 청련사 잘되고 청련사 인연신도 잘되라고 기도한다며 해공 스님 산신기도 할 때는 아무도 말씀 없더니 하안거 나한전기도 그 발원이라네. 동진출가 한평생에 이런 기도발원 받기 처음이라네. 청련사 온 첫날부터 꼬박 일주일간을 법당 청소 도량 청소 내내 쓸고 닦고 치우고서 부처님께 마지 지어 올리는 팔순의 가사 보살님은 날마다 웃고 사신다네.

그해 삼칠기도 중에 여래심이 죽도시장 가서 사다 넣은 잉어 두 마리 금년 봄에 보니 비늘 옷을 바꿔 입었어. 햇빛이 아니어도 그 몸뚱어리 어찌나 찬란한지 얼굴 반쪽만 시커멓게

남기고 비늘이 죄다 금빛으로 번뜩여 깜짝 놀라서 보리건빵 던져주며 아무리 살피고 또 눈여겨봐도 비늘이 번쩍번쩍 하는 거야. 연꽃 피는 청련사 연못 잉어는 황금잉어야 내가 이름 지었네. 오늘 보니 남았던 반쪽도 웬걸 마저 다 황금빛이야. 저 잉어는 제 몸빛 비늘 바꾸었는데 찬란히 방광하는데 우리 열심히 정진합시다 말해놓고 나 혼자서 감개무량하였네.

햇수로 삼 년 만에 호도랑 자두가 주렁주렁하고 잣나무 잣송이가 달리고 은행나무 복숭아 돌배 그뿐인가 새벽부터 새들 지저귀고 이 산 저 산 도량 가득 기도정근 울리고 처음 오는 이마다 이런 곳이 있었는지 미처 몰랐다며 저마다 신심들 내고 아래 밭에 토종벌 들여놓고 마을거사는 자기 밭 밤나무 그 밤 절에서 다 따다 잡수시라 하네. 내 기도 어그러뜨리려는 마군이 해코지는 끝장을 내고 죽을 듯이 살겠네. 하루를 살아도 평생을 살아야겠네. 굳이 초심을 생각하지 않아도 그 발원을 다시 새기지 않아도 욕심도 내지 말고 서둘지도 말고 힘껏만 살아야겠네.

물 마시고 하늘 한번 보고
물 마시고 산 한번 보고
혹여 오는 이 있으면 물 한 모금 권하네
해 나면 햇볕 쬐고
비 오면 비 맞고
눈 와도 포행하고
바람 불면 나뭇잎 흔들거리는 도량 이대로
시도 때도 없이 척량골 곧추세우고
드는 것 놓는 것 다 퍼지게
배꼽 내놓겠네

예불문

거룩하시어라 부처님
이제 합장 하옵고
지극한 마음 하나로 모아
간절히 당신께 우러러 향 올리옵니다

계향이여
정향이여
혜향이여
해탈향이여
해탈지견향이여

시방의 한량없는 불법승이시여
지극한 정성 받쳐
공양 올리오니
이 향기
법계 두루두루 피어올라

향기로움이여 향기로움이여

우주의 근본실상 진여법계에
님의 자비 그윽하고나

가물하고 가물한 그 어디인들
님의 성품 아닌 곳 없으니
일체중생의 근본은
오로지 님의 품이어라

오오 내 세상
님은 생명이시어라
온 우주에 푸릇푸릇한 저 물결 보아
님의 세상이여

바람이 부는가
구름이 오는가
저 금빛 갈기 번뜩이는
이 세상도 저 세상도
이끌고 가르치심 아닌 것 없네

발원하나이다 발원하나이다
그 품에 온몸으로 쓰러져 안기옵니다
봉오리 봉오리 연꽃으로 벙글어
나투시는 당신의 서원

영산회상에서 부촉 받았도다
지혜의 사리불이여
신통의 목건련이여
두타의 마하가섭이여
천안의 아나율이여
해공의 수보리여
설법의 부루나여
논의의 가전연이여
지계의 우바리여
밀행의 라훌라여
다문의 아난타여

하염없고나

서건과 동진으로 해동으로
전법의 인연이여

시방세계
저,
만다라

사랑합니다 사랑합니다
당신을 사랑합니다
내 마음도 내 몸도
다 당신께 바치옵니다
난 이제 오로지 당신이어요

당신뿐입니다
당신만이 영원합니다
당신만이 존재,
가득합니다
두루한 온 법계 온갖 중생은

다 당신입니다

원하옵고 원하옵나니
이제금 온 중생 모두가
한결같이 당신으로 눈뜨게 하소서

제3부

푸르른 날의 연가 1

당신 앞에서
울기만 하다가

겨우
살바 잡았는데

당신은
언제나 그 자리고

나만
맴을 돌아

그렇게도 모른다면

그래,
내 눈물
다 내놓아

푸르른 날의 연가 2

뒷갓바위 길목에서
대성사 중창 불사금 천 원 한 장의 동참 호소로
하염없는
난
늘
시름을 들키고

올라가며 내려가며
하는 말씀들

저 스님 속 다 삭았어, 쯧쯧

푸르른 날의 연가 3

내 자리라고 여겨지지 않는 한

다시는 당신 찾지 않겠다며

내려와 버린 그 길로

죽도 밥도 못 되는 내 결망

푸르른 날의 연가 4

대구포항고속도로 지친 밤길 오가다가
갓바위 그 불빛 눈에 들어오면
내가 당신
자식 된 것이 얼마나 기뻤는지 몰라

어느 때부턴가 당신이 싫어

싫어
당신이

그 불빛
보고도 못 봐

푸르른 날의 연가 5

버티는 거야?

당신도 나처럼?

눈 내리뜨고
보고 싶은 것만 보겠다면

그게 뭐야

중생 모른다면

그 부처, 중생 모른다면

푸르른 날의 연가 6

나만 왜
당신을 향해
무릎을 꿇어야만 하는가

당신처럼
앉을 수는 없는가

푸르른 날의 연가 7

진정도 몰라주면서
그 자리
응공이라 하네

어디선가는

잠만 잘 자도
응공이던 것을

푸르른 날의 연가 8

이젠, 제발,
힘 하나
챙겨서 심어 달라고

받는 것으로 주는 것이 아닌
주는 것으로
받는
그런,
기운찬 놈으로

뿌리 하나
심어 달라고, 그것뿐인데

무얼 그리
낮빛 하나 바꾸지 않는가

푸르른 날의 연가 9

몇 생토록 간절해야
그리 되는가
그냥, 앉아서
앉아만 있어도
오가는 이들
다
소원을 이루는가

푸르른 날의 연가 10

온갖 생색에
절여온
업이라 해도

내
의절 않고
당신 자식이었던 것을

다저녁때
오고 감도
모르게 되고 말아

부처인가
중생인가

푸르른 날의 연가 11

한 가지 소원은
꼭
이루어준다고
누가 그랬는가

팔공산 꼭대기 바위
바우불상

그 불두에
내 소원만 못 얹어

다들, 고만고만
잘도 사는 것을

부처니, 중생이니
들지도 놓지도 못하고서

푸르른 날의 연가 12

비 맞고,
눈 맞고,
약사여래불

당신 어깨 뒤로
가물한
약사여래불

눈 맞추자 했는가

가슴 열자 했는가

절절한
평생의 울음도
티끌이었던 것을

새삼, 주렁주렁
무슨 욕심이어서

비 맞고 눈 맞는다

약사여래불

푸르른 날의 연가 13

그래,
출가하고서 다들
살림살이 잘 살았다 치자

나만
못 산 무엇이 있는 것인 양
한마디도
못 일렀다

이제는
나도 좀 안 될까나

깨춤은 아니라도

신통방통 그래, 그렇게
그래, 그렇게

푸르른 날의 연가 14

인연이라 하면

하나로

다 거두어지소서

부처도 놓고
중생도 놓고

푸르른 날의 연가 15

그 도량에서는
티끌도 보석이라
번뇌도 환희심이라

하찮은 몸짓도
거룩한 존재

그건,
당신이 주는 것이 아니라
내가 스스로
갖추는 것

푸르른 날의 연가 16

움켜쥘 게 뭐 있다고

바람 한 점
일고 지는 것을

신통묘용 뭐 있다고

업이라 할 것인가

인연이라 해도
맞지 않는 것을

푸르른 날의 연가 17

세상의 색색에 미쳐서
한쪽 눈
절어버렸다

남은 눈 한쪽의
세상이

어지럽구나
어리벙벙한 것이
무섭구나

가랑잎 하나도
제 무게를 팔랑이는데

존재한다는 것이
점 하나를 못 찍어

푸르른 날의 연가 18

세상이 잘못된 것이 아니라
내 눈의 세상이
찌그러졌다는 사실

눈 다치고서야
알아챘다

들이쉬는 숨 하나
내쉬는 숨 하나
그 숨도
이 숨도
다 한 숨인 것을 모르고

중생 따로
부처 따로
천방지축 아니었는가

푸르른 날의 연가 19

눈망울 하나로
온 세상 다 찌그러트려 놓고서

살림살이 있는 대로
죄다
분탕질 쳐놓고서

그
찌그러진 눈
깜빡거려

참으로 맵게
깜빡거려

무슨,

푸르른 날의 연가 20

이젠, 한 번쯤은
멋지게
모양이 나게
서보자
했던 것이다
그래서
동쪽인지 서쪽인지도 몰랐다
기왕이면, 하고서
캄캄했다 인생아
됐니 못됐니
누덕누덕 걸레 되어서
때늦게 무얼 하자고
삽바를 잡아?
쩟—

푸르른 날의 연가 21

내 숨 쉬는 몸뚱어리
머무는 곳에
부처중생 다 있는 것을

잊었다
애써,
잊었다

초심 하나 못 지키고서

푸르른 날의 연가 22

시력을 찾으며
조금씩, 조금씩
그 찌그러진 세상을
온전히 바라보고자 애써

보이는 만큼씩
웃는다

나로 인해서만 존재할 수 있는
당신인 것을

그래도
그리움 하나는 간직할 수 있지 않으냐
그것만으로
금생은 됐다 하자

붉은 단풍잎 하나 떼어 입에 물고서
괜히 왔다가 간다

여적(餘滴)

#1

여진당.

적조하였지요? 마천 가흥리 앞 숲 그 냇가에 왔습니다. 당신의 하얀 고무신이 저기 둥둥 떠가네요. 연잎 타고 가는 당신을 그만 이제 떠나보냅니다.

글을 쓸 바엔 시를 쓰고 줄글을 쓸 바엔 시보다 더 아름답게 써야 하지 않겠냐며 고무신짝 벗어 잔 삼아 따라 마시던 그 열정을 가는 당신의 고무신코에다 얹어드리고, 나 이제 당신의 남은 흔적들을 그 물길에 띄워 보내오. 섭섭은 하지만 허허야고 한번 웃고 그냥 헤어지지요.

처음 당신과 앞 숲 이 냇가에서 삶을 논하고 시를 말하던 때가 청춘이었건만 어언 이순을 훌쩍 넘기고 말았구려.

맵시 있게 잘 살아보잔 것은 아니었지만 돌이켜보니 무얼 하고 살았는지 싶네요.

그 시절 무어 세상을 안 것인 양 까닭 없이 세상 길이 지친다며 빌허자 하나 들고 당신 앞에서 푸념하다가 그마저도 못하게 되니 가만히 들어주던 당신이 헛헛하게 그리웠소. 아지랑이 같은 미망으로 객길을 참 퍽도 떠돌았구려.

가서, 죽자고 들어온 청련사에서 강산도 변한다는 십년 하고도 몇 해가 훌쩍 지나버렸다오. 이젠 내 거처가 되어버린 거요.

오고 갈 곳이 없이 떠도는 내게 그럼 그곳에다 걸망이라도 풀어놓으라며 그 스님이 내게 마련해준 토굴 아니겠소. 아시지요? 그 따뜻한 배려 인연 후 내내 내겐 맏형님 같은 분이었다오. 정진할 땐 한 갑자는 살았으니 이생에 다시 왔다 치고 이제는 머슴을 살아야겠다고 길을 나서봤소만 그도 내 복으로는 아닙디다. 주인은 원하지도 않는 것을 상머슴 되겠다고 큰맘 먹고 찾아들었다가 참 우습지요, 언강생심 내 자리가 제자리더이다.

그렇지만 괜찮소. 어딘가에 내가 제대로 쓰일 곳이 있지 않겠소이까.

뭐 누가 꼭 알아줘야만 진심인 것은 아니잖소. 마땅히 내가 간절하면 되는 것 아니요. 바람보다 먼저 일어나 마당 쓰는 그런 머슴은 되어야지 않겠소만……

참, 여진당.

생각나시오? 실상사 약수암에서 단식하다가 그 겨울밤 함박눈의 홍취에 겨워 한밤중을 깨워 야단법석을 떨고도 말짱하였잖소, 왜.

일말의 주저함도 거리낌도 없이 생각과 행동이 당당함에

서 벗어남이 없던 그때도 다 당신과 함께했기 때문에 그럴 수가 있었던 것이외다.

이제 당신을 떠나보내고 어떻게 살지 살아낼지 자신이 없소만 그래도 그만 헤어집시다.

언제 또다시 이 앞산에 이 냇가를 돌아오게 되리까. 떠나는 당신도 떠나보내는 나도 이 앞산 이 냇가 그만 모른 체 해주면 차라리 좋겠소. 그래서 무심히 덤덤히 표 나지 않고 묻혀서 있는 듯 없는 듯 그렇게 여겨졌으면 하오.

무엇을 하든 어떻게 살든 낮으로 살든 밤으로 살든 그 밝고 어둠이 다 한 티끌의 남은 온기이기를……

보이는 대로 들리는 대로 발길 닿는 대로 괜히 왔다가 갑니다.

#2

詩는 지고지순한 세계다. 詩는 道이런다. 이렇게 들떴던 적도 있긴 하다.

그런데, 그놈의 詩가 도대체 아무짝에도 쓸모가 없는 것이었다. 그 세월이 십년하고도 더 몇 년이 흘러간 것이다.

무엇을 해도 그렇게 가슴만 저렸다. 머물지도 떠나지도 못

하는 가슴앓이를 하는 날, 그래도 스님이라고 불렀다. 부끄러웠다. 아무짝에 쓸모도 없는 업 덩어리라고 가혹하게 들볶다가 급기야는 급성심근경색이나 덜컥 걸려버리고—. 도대체가 숨 쉴 구멍을 찾을 수가 없었다.

죽을 것인가, 죽어야 할 것인가.

연못의 황금잉어 두 마리가 다 죽었다. 가까운 이들이 하나 둘 운명을 달리하는 것이다. 그렇게 부음을 들었다. 아, 아,

죽지 않은 이들까지 내 곁에서 다 떨어져 나갔다. 아니 내가 그렇게 모두를 보내버렸다는 것이 맞다.

붓을 들었다. 무턱대고 선을 그었다. 하나를 긋고, 둘을 긋고 또 그어대는 날 보고 난을 친다는 것이다. 나는 선 하나를 그었는데, 그들이 보는 여러 개의 선이, 내게선 오직 하나의 선을 긋는 것일 뿐인데. 그들은 난을 친다고 말하는 것이다.

그 선 하나로 몇 년을 뭉갰다. 그렇게 속절없이 갔다. 내 피를 말리는 침잠.

창에다가 '항상 깨어 있게'나, '정진하고 또 정진하소'나 '이뭣꼬'를 써서 붙여놓고는 할 수 있는 짓이라곤 자는지 깨는지도 모를 세월 죽이는 일이 고작이었다.

참 웃기는 것은, 그 총중에도 언감생심 부처님 눈매를 닮아야 한다고 날마다 새기는 것이다. 새겨지는 것이다. 그래, 눈매만큼은 저렇게 닮아사.

붓도 집어 던져버렸다.

'그곳이 아니면 할 수가 없는 그런 것을 해보소.'

'당신이 참 서늘하오, 때때로.'

그래도 내게서 어떤 싹수를 보았을까만, 그런 말씀들까지도 쓸어 담아 아, 아, 난 발광종 창종하고 그 창종사로 우뚝우뚝 섰다. 때론 밤낮도 없이.

그래도, 살아야 하는 것이라면.

그래, 내 이름을 듣는 이는 삼도고를 면하고, 나를 보는 이는 해탈하게 하고—. 필경에는 남은 중생의 마지막 하나까지 부처를 이루리니.

내 가슴속에 무엇이 남았을까만, 그런데, 그렇게 눈물이 났다. 바보같이. 서러울 것이 뭐 있다고. 가슴 벅찰 게 뭐 있다고.

혼곤한 잠을 깨야 해.

그때의 상주는 박찬선 시인과 〈삼백〉 동인들이 있어서 따뜻했다.

말로 다 못하는 눈시울 붉어지는 추억을 안겨준 것이다. 첫 시집을 상재한 땅 상주. 이름만으로도 그립다. 모두 다 보고 싶다. 박찬선 선생의 서문이 그래서 더 기쁘다.

중생은 업으로 살지만 보살은 원력으로 산다.

이순을 저기로 넘기고 돌이켜보니 그저 부끄럽고 가슴 아린 것들투성이다. 좀 더 잘살 수 있어야 했다.

무릎을 꿇는다.

가슴 따뜻한 사람들이 보고 싶다. 따뜻한 밥 한 그릇 같이 먹고 싶다.

아프지 말자.

이 말 한마디 전한다.

2017년 봄날 청명

혜강

1979년

박재삼 시인 가로되, 잡지로 등단해도 되겠지만 이젠 책 한 권으로 세상에 물을 때가 되었다며 서문을 주시어 말씀대로 『山山 물물』을 상재. 그래도 발표 지면이 있어야 한다며 작품 몇 편 내놓으란 것을 "괜찮습니다. 계속 책으로 묻겠습니다." 하고서 호기롭게 거절. 그러나 그 짓이 얼마나 무모하고 힘든 일이었는지는 후에서야 알게 됨.

그해 가을, 상주 홍룡사에서 방 한 칸을 깨끗이 도배를 하고 새 장판을 깔아 박재삼 시인 내외분 고속버스표를 사 드리고 모심. 상주의 〈삼백〉 동인들이 내 일처럼 반기고 함께 해주어 참 좋은 날들이었음. 신혼여행을 못했는데 때늦게나마 신혼여행 온 것 같다며 좋아하시던 내외분과의 며칠간의 추억이 두고두고 상주 땅을 고향처럼 여겨지게 했음.

1980년

미당 선생님께 『雜놈詩 二十二篇』 서문을 받음. "雜놈詩 二十二篇을 좋아하노라"란 휘호를 주심. "정말 좋아." 하시면서 "내가 살아보니 교수하면서 시를 쓰는 것이 잘한 일이다 싶어. 혜강도 주지는 하지 말고 참선하면서 시를 쓰고 사는 것이 좋겠네. 경전은 책으로 한번 거쳐서 보고……” 마치 자애로운 어버이 친견하듯 심금을 울림.

내게 차 조심, 사람 조심하란 당부까지 하시던 그 배웅 인사를 귀하게 여김.

1982년

경전동화 『極樂世界』 상재.

청화 큰스님께 '一果明珠'라는 휘호를 받음. 아산 화백이 책 題字를 주었음.

1983년

영등포역 앞 꽃거리에다 연꽃포교원을 열어놓고 포교는 제대로 못하고서 『끝 오지 않는 날의 바퀴』를 상재함.

인사동에서 마주친 그림 한 점으로 책을 모양냈는데 그 그림을 지리산 산내 물난리 때 물에 떠내려 보냄. 지금은 연락할 길이 없는 그림의 주인한테 때때로 미안하기만 함.

1987년

소설 『업다라니(業陀羅尼)』 출간. 시선집 『꿈을 기다리는 나무』 상재.

진화당 출판사 사장님이 분에 넘치는 고료를 주심. 박찬선 시인께 작품 해설을 부탁드렸는데, 실은 편두통을 앓고 계신

중이었다고 해서 얼마나 죄송했는지……

난생처음으로 중앙 일간지에서 내 책의 광고를 보았음. 종로서적, 교보문고에서 꽂혀 있지 않고 팔리는 책으로 놓여 있는 진열된 모습이 신기했음.

2003년

『피안으로 가는 그대』, 『머물고 싶어 떠나는 길』 상재.

중광 스님이 책에 쓰라며 그림 3점을 줌. 그중 한 점만 『머물고 싶어 떠나는 길』에 표지화로 쓰고 2점은 귀하게 보관하고 있음.

대구 대성사·갓바위에서 많은 일을 겪음. 그 어려웠던 시기에 동참한 가까운 이들에게 보답도 못하고 헤어짐.

2005년

죽을 수조차도 없는 세상을 탓하며 헤매다가 '그래 죽으러 가자. 가서 죽자.' 하고서 찾아든 곳이 영덕군 청련사임.

가난한 것 하나만 나와 처지가 비슷한 청련사에서 산 좋고 물 좋아 노래를 주야장천 불러대다가 십 몇 년이 훌쩍 가버리고 눈썹까지 다 세어져 감. 자꾸만 허리가 휘어져 곧추세우기가 힘이 듦.

가까운 이들이 떠나가는 고통을 이기지 못하고 급성심근경색을 앓음.

2017년

무엇을 어떻게 해야 할지를 모르겠는 깊은 수면에서 억지로 억지로 깨어나고자 애를 쓰고 있음. 시조차도 놓아버린 침잠기였음.

정월 정초 기도를 올리며 원고를 묶음.

…… 이조차도 오감하여 눈시울을 붉히며 정근함.

이 도서의 국립중앙도서관 출판시도서목록(CIP)은 서지정보유통지원시스템 홈페이지(http://seoji.nl.go.kr)와 국가자료공동목록시스템(http://www.nl.go.kr/kolisnet)에서 이용하실 수 있습니다.(CIP제어번호: CIP2017009445)

문학의전당 시인선 0255

꿈꾸는 황금잉어

초판 1쇄 인쇄 2017년 4월 17일
초판 1쇄 발행 2017년 4월 24일
지은이 혜강 스님
펴낸이 고영
책임편집 서윤후
디자인 헤이존
펴낸곳 문학의전당
출판등록 제2017-000002호
주소 서울시 마포구 마포대로 11길 91, 3층
전화 02-852-1977 팩스 02-852-1978
전자우편 sbpoem@naver.com

ISBN 979-11-5896-314-9 03810